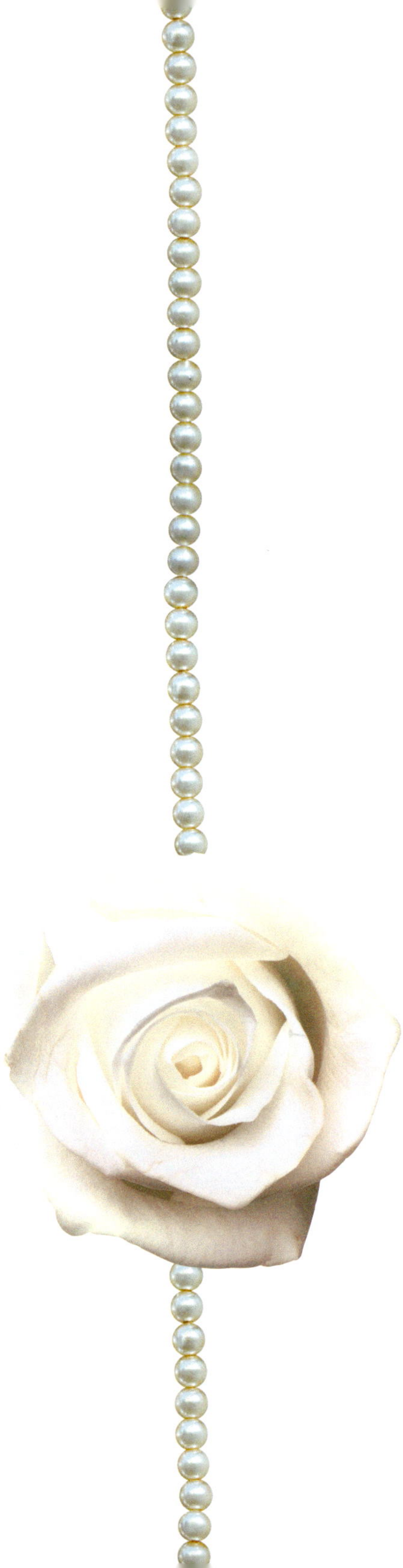

Man soll lieben,
so viel man kann,
darin liegt die wahre Stärke;
und wer viel liebt,
der tut auch viel und vermag viel,
und was in Liebe getan wird,
das wird gut getan.

Vincent van Gogh

Komm Herr, segne uns

Herzliche Segenswünsche
zum Hochzeitstag

benno

Gemeinsam alles tragen:
die Freude und den Schmerz.
Gemeinsam alles wagen:
Das bindet Herz an Herz.
So sollt ihr vorwärts schauen,
und so schaut ihr zurück:
Aus liebendem Vertrauen
erwächst beständ'ges Glück.

Clemens von Brentano

Die Liebe ist eine große Lehrerin,
aber man muss verstehen, sie zu erwerben.
Das aber ist schwer und mühsam,
denn sie ist nur teuer zu erkaufen,
mit vielen Mühen und erst nach langer Zeit.
Denn es geht ja nicht um die Liebe
eines flüchtigen Augenblicks,
sondern um die unentwegte Liebe
für die ganze Spanne
deines Lebens.

Fjodor M. Dostojewski

GINKGO BILOBA

Dieses Baum Blatt, der von Osten
Meinem Garten anvertraut,
Gibt geheimen Sinn zu kosten,
Wie's den Wissenden erbaut.

Ist es e i n lebendig Wesen,
Das sich in sich selbst getrennt,
Sind es zwei, die sich erlesen,
Daß man sie e i n e s nennt.

Solche Frage zu erwidern,
Fand ich wohl den rechten Sinn,
Fühlst du nicht an meinen Liedern,
Dass ich e i n s und doppelt bin?

Johann Wolfgang von Goethe

Denn dem Glück, geliebt zu werden,
gleicht kein ander Glück auf Erden.

Johann Gottfried Herder

Rudern Zwei

Rudern zwei
ein boot,
der eine
kundig der sterne,
der andre
kundig der stürme,
wird der eine
führn durch die sterne,
wird der andre
führn durch die stürme,
und am ende ganz am ende
wird das meer in der erinnerung
blau sein

Reiner Kunze

Darum liebe ich dich

Nie hat mir ein Mensch
die Freiheit gegeben,
die du mir gibst,
und darum liebe ich dich.
Nie durfte ich unter Menschen so sehr
der sein, der ich bin, wie bei dir,
und darum liebe ich dich.
Nie habe ich mich so entdeckt
wie in der Freiheit, die du mir lässt,
und darum liebe ich dich.

Ulrich Schaffer

Die Erfahrung lehrt uns,
dass Liebe nicht darin besteht,
dass man einander ansieht,
sondern dass man in die
gleiche Richtung blickt.

Antoine de Saint-Exupéry

Das Glück und dein Name ist dasselbe Wort

Wie vor Jahr und Tag liebe ich dich doch,
Vielleicht weiser nur und bewußter noch,
Und noch immerfort ist ein Tag ohne dich
Ein verlor'ner Tag, verlor'ne Zeit für mich.
Wie vor Jahr und Tag ist noch immerfort
Das Glück und dein Name dasselbe Wort.
Allein, was sich geändert haben mag:
Ich lieb' dich noch mehr als vor Jahr und Tag.

Mit wieviel Hoffnung hat alles angefangen,
Wieviel Erwartung auf dem Weg, der vor uns lag,
Wir sind seitdem manch' Stück darauf gegangen,
Und doch ist der für mich neu wie vor Jahr und Tag.
Ich zähl' die Jahre, die seitdem verstrichen,
Schon lange nicht mehr auf den Fingern einer Hand,
Doch mit der Zeit ist nichts von deinem Bild verblichen,
Vermiß ich nichts, was ich liebenswert daran fand.
Wie vor Jahr und Tag ...

Ich habe tausendmal versucht, dich zu erlernen,
So, wie man aus einem Buch lesen kann, ich Tor,
Und sah mit jeder Lektion sich mein Ziel entfernen,
Und heute weiß ich weniger als zuvor,
Ich habe tausendmal versucht, vorauszusehen,
Wie du wohl handeln würdest, aber jedesmal,
Wenn ich schon glaubte, alles an dir zu verstehen,
Erschien es mir, als säh' ich dich zum ersten Mal.
Wie vor Jahr und Tag …

Lachen und Weinen sind in jener Zeit verklungen,
Die in Siebenmeilen-Stiefeln an uns vorübereilt,
Und von den besten all meiner Erinnerungen
Hab' ich die schönsten, meine Freundin,
Wohl mit dir geteilt.
Nein, keine Stunde gibt's, die ich bereute,
Und mir bleibt nur als Trost dafür,
Daß keine wiederkehrt:
Viel mehr als gestern liebe ich dich heute,
Doch weniger, als ich dich morgen lieben werd'.
Wie vor Jahr und Tag …

Reinhard Mey

ALLES AUS LIEBE

Schweigst du,
so schweige aus Liebe;
sprichst du,
so sprich aus Liebe;
tadelst du,
so tadle aus Liebe;
schonst du,
so schone aus Liebe!
Lass die Liebe
in deinem Herzen wurzeln,
und es kann nur Gutes
daraus hervorgehen!

Aurelius Augustinus

Es gibt kaum ein beglückenderes Gefühl,
als zu spüren, dass man für andere Menschen
etwas sein kann.
Dabei kommt es gar nicht auf die Zahl,
sondern auf die Intensität an.
Schließlich sind eben die menschlichen Beziehungen
doch einfach das Wichtigste im Leben.

Dietrich Bonhoeffer

Dich

Dich
dich sein lassen
ganz dich

sehen,
dass du nur du bist
wenn du alles bist
was du bist
das Zarte
und das Wilde
das was sich losreißen
und das was sich anschmiegen will

Wer nur die Hälfte liebt
der liebt dich nicht halb
sondern gar nicht
der will dich zurechtschneiden
amputieren
verstümmeln

Dich dich sein lassen
ob das schwer oder leicht ist.
Es kommt nicht darauf an mit wie viel
Vorbedacht und Verstand
sondern mit wie viel Liebe und mit wie
viel
offener Sehnsucht nach allem –
nach allem
was du bist

Nach der Wärme
und nach der Kälte
nach der Güte
und nach dem Starrsinn
nach deinem Willen
und Unwillen

nach jeder deiner Gebärden
nach deiner Ungebärdigkeit
Unstetigkeit
Stetigkeit

Dann
ist dieses
dich dich sein lassen
vielleicht
gar nicht so schwer

Erich Fried

Ich halte es nicht für das größte Glück,
einen Menschen ganz enträtselt zu haben;
ein noch größres ist es,
bei dem, den wir lieben,
immer neue Tiefen zu entdecken,
die uns immer mehr die Unergründlichkeit
seiner Natur
nach ihrer göttlichen Seite hin offenbaren.

Christian Morgenstern

EINANDER ANNEHMEN

Übt es, einander immer wieder neu zu entdecken und anzunehmen. Vielleicht so:

Ich nehme dich an. Dich. Nicht mein Traumbild von einem Supermann oder einer Superfrau. Ich will in dir nicht wie ein kleines Kind die Mutter suchen, die es verwöhnt. Nicht den Vater, der es beschützt.

Ich nehme dich an. Dich. Mit deinem Charme und mit deinen Macken. Mit deiner Kinderstube und mit deinen Manieren. Mit dem, was du gelernt hast, und mit dem, was du nicht gelernt hast. Mit den Verletzungen deiner Kindheit und mit den Narben deiner Jugend. Mit deinen Stärken und mit deinen Schwächen. Mit deinen Sonnenseiten und mit deinen Schatten. Ich nehme sogar das an, was du selbst nur schwer annehmen kannst an dir. Ich nehme dich an, so wie du bist. Und nicht so, wie ich dich gerne hätte. Ich betrachte dich nicht als Objekt meiner Erziehung.

Ich nehme dich an. Diesen erwachsenen, verwachsenen, nie ausgewachsenen, immer weiterwachsenden Menschen. Stachelig, zärtlich, spröde, herzlich, unausstehlich, liebenswert, kaputt, lebendig. Dich nehme ich an.

Dich.

Jürgen Werth

Das Bewusstsein

eines erfüllten Lebens
und die Erinnerung an viele gute
Stunden sind das größte Glück auf Erden.

Marcus Tullius Cicero

Überlegungen

Wer so lachen kann wie du,
sollte eine Sprache erfinden,
die alle Welt versteht.

Wer so weinen kann wie du,
sollte allabendlich im Fernsehen
die Nachrichten verlesen.

Wer so schweigen kann wie du,
sollte den Mund
nur noch zum Küssen öffnen.

Wer so leiden kann wie du,
sollte Mutter Erde um Verzeihung bitten
für die Zerstörungswut der Menschenkinder.

Wer so lieben kann wie du,
sollte immer dort sein,
wo die Angst am größten ist.

Hans Kruppa

Wir müssen von Zeit zu Zeit
eine Rast einlegen und warten,
bis unsere Seelen uns wieder
eingeholt haben.

Indianische Weisheit

Es gibt Augenblicke,
in denen eine Rose
wichtiger ist
als ein Stück Brot.

Rainer Maria Rilke

Die Ehe ist und bleibt
die wichtigste Entdeckungsreise,
die der Mensch unternehmen kann.

Søren Kierkegaard

In der Liebe müssen wir nur eines
wirklich lernen: einander loslassen.
Festhalten fällt uns leicht,
das müssen wir nicht lernen.

Rainer Maria Rilke

Was wir brauchen,
ist ein Becher Verstehen,
hunderttausend Liter
Liebe
und ein Ozean Geduld.

Franz von Sales

DIE LIEBE HAT ZEIT

Sie liebt mit langem Atem.
Sie ist freundlich.
Sie erzwingt nichts
und nimmt den Geliebten, wie er ist.

Sie fällt nicht auf
und stellt sich nicht zur Schau.
Sie verletzt nicht.
Sie greift nicht an.
Sie sucht keinen Gewinn.

Sie wird nicht bitter
durch bittere Erfahrung.
Sie rechnet das Böse nicht zu.
Sie trauert über das Unrecht
und freut sich über die Wahrheit.

Die Liebe trägt alles.
Die Liebe glaubt alles.
Die Liebe hofft alles.
Sie beugt sich der Last
und bleibt geduldig gebeugt.

1 Kor 13,4–7
in der Übertragung von Jörg Zink

Immer wieder hören wir als Christen die Aufforderung, dass wir einander lieben sollen. Manchmal ist das für uns eine Überforderung. Wir sind nicht immer nach Liebe gestimmt. Paulus spricht im Hohenlied der Liebe in 1 Korinther 13 nicht davon, dass wir lieben sollen, sondern einfach von der Liebe, die in uns ist. Und von dieser Liebe als einer göttlichen Kraft schreibt er: »Sie erträgt alles, glaubt alles, hofft alles, hält allem stand. Die Liebe hört niemals auf.« (1 Kor 13,7f)

Wer voll von Liebe ist, der ist auch voller Hoffnung und voller Glauben. Er traut dem Leben, er traut Gott und den Menschen. Er weiß, dass sein Leben gelingt. Er hat auch Hoffnung für die Menschen. Er gibt niemanden auf. Und er erträgt sein Leben. Er hat einen festen Stand. Ihn können auch Enttäuschungen nicht umwerfen. Mitten in unserer brüchigen Liebe sehnen wir uns nach einer Liebe, auf die wir uns verlassen können, die nie vergeht, die tragfähig ist. Und wir ahnen, dass es letztlich nur die göttliche Liebe ist, die in aller menschlichen Liebe diese Standfestigkeit verleiht. Doch wie kommen wir zu dieser Liebe?

Anselm Grün

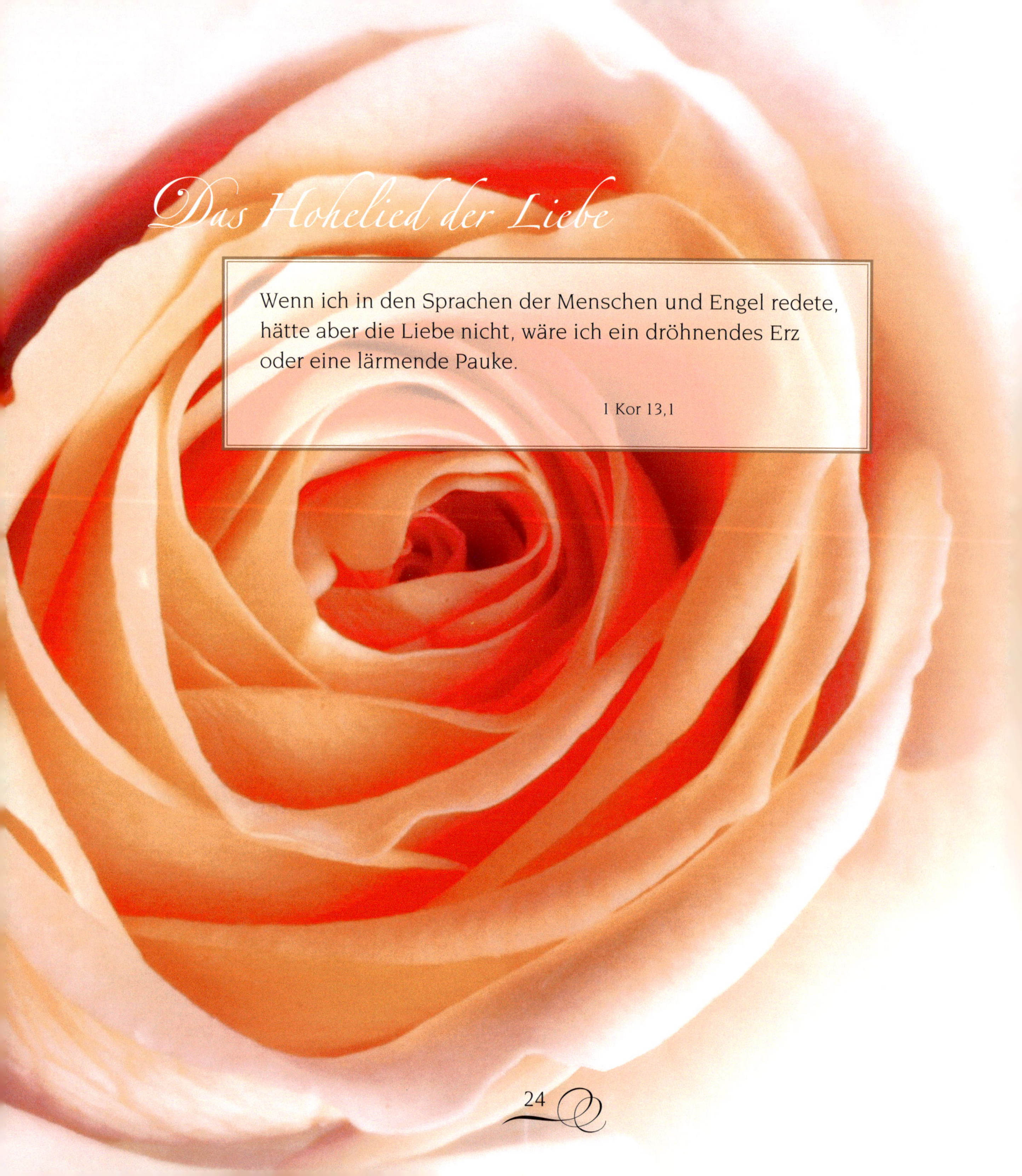

Das Hohelied der Liebe

Wenn ich in den Sprachen der Menschen und Engel redete, hätte aber die Liebe nicht, wäre ich ein dröhnendes Erz oder eine lärmende Pauke.

1 Kor 13,1

Du Gott der Liebe

Wie kann man von der Liebe recht reden,
wenn man dich vergisst, du Gott der Liebe,
von dem alle Liebe ist im Himmel und auf Erden!
Wie kann man von der Liebe recht reden,
wenn man dich vergisst,
unsern Heiland und Versöhner,
der sich hingab, um alle zu erlösen!
Wie kann man von der Liebe recht reden,
wenn man dich vergisst, du Geist der Liebe,
der den Glaubenden erinnert zu lieben,
wie er geliebt ist,
und seinen Nächsten wie sich selbst!
Ewige Liebe, du bist überall gegenwärtig,
wo wir einander recht lieben
und einander glücklich machen!

Søren Kierkegaard

Und wenn ich prophetisch reden könnte
und alle Geheimnisse wüsste und alle Erkenntnisse hätte;
wenn ich alle Glaubenskraft besäße und Berge damit versetzen könnte,
hätte aber die Liebe nicht, wäre ich nichts.

1 Kor 13,2

Ohne Liebe

Pflicht ohne Liebe
macht verdrießlich

Verantwortung ohne Liebe
macht rücksichtslos

Gerechtigkeit ohne Liebe
macht hart

Wahrheit ohne Liebe
macht kritisch

Klugheit ohne Liebe
macht gerissen

Freundlichkeit ohne Liebe
macht heuchlerisch

Ordnung ohne Liebe
macht kleinlich

Sachkenntnis ohne Liebe
macht hochmütig

Besitz ohne Liebe
macht geizig

Glaube ohne Liebe
macht fanatisch

Theodor Schober

Und wenn ich meine ganze Habe verschenkte
und wenn ich meinen Leib dem Feuer übergäbe,
hätte aber die Liebe nicht, nützte es mir nichts.

1 Kor 13,3

Das Wichtigste

Ein Weiser wurde gefragt,
welches die wichtigste Stunde im Menschenleben sei,
welches der bedeutendste Mensch, der ihm begegnet,
und welches das notwendigste Werk.
Er antwortete:
Die wichtigste Stunde ist immer die Gegenwart,
der bedeutendste Mensch der, der dir gerade gegenübersteht,
und das notwendigste Werk ist stets die Liebe.

Meister Eckhart

Die Liebe ist langmütig, die Liebe ist gütig.
Sie ereifert sich nicht, sie prahlt nicht.
Sie bläht sich nicht auf.

1 Kor 13,4

Aspekte der Liebe

Die Liebe hat einen langen Atem
Die Liebe macht keine große Schau
Die Liebe ist nicht auf ihren Vorteil aus
Die Liebe tut dem anderen nicht weh
Die Liebe lässt sich durch Rückschläge nicht entmutigen
Die Liebe verbittert nicht trotz aller böser Erfahrungen
Die Liebe nutzt den andern Menschen nicht aus
Die Liebe hat ein offenes Gesicht, Misstrauen ist ihr fremd
Die Liebe verschenkt sich, ohne dass die
eine Hand die andere wäscht

Uwe Seidel

Sie handelt nicht ungehörig, sie sucht nicht ihren Vorteil,
lässt sich nicht zum Zorn reizen, trägt das Böse nicht nach.
Sie freut sich nicht über das Unrecht, sondern freut sich an der Wahrheit.

1 Kor 13,5–6

Dein empfindliches Selbst

Wenn der andere Mensch über dich lacht,
kannst du ihn bedauern;
aber wenn du über ihn lachst,
solltest du dir niemals selbst vergeben.
Wenn dich der andere Mensch kränkt,
magst du das Unrecht vergessen;
aber wenn du ihn kränkst,
wirst du dich immer erinnern.
In Wirklichkeit ist der andere Mensch
dein empfindliches Selbst
in einem anderen Körper.

Khalil Gibran

Sie erträgt alles, glaubt alles,
hofft alles, hält allem stand.

1 Kor 13,7

Was es ist
Es ist Unsinn
sagt die Vernunft
Es ist was es ist
sagt die Liebe

Es ist Unglück
sagt die Berechnung
Es ist nichts als Schmerz
sagt die Angst
Es ist aussichtslos
sagt die Einsicht
Es ist was es ist
sagt die Liebe

Es ist lächerlich
sagt der Stolz
Es ist leichtsinnig
sagt die Vorsicht
Es ist unmöglich
sagt die Erfahrung
Es ist was es ist
sagt die Liebe

Erich Fried

Für jetzt bleiben Glaube, Hoffnung, Liebe, diese drei; doch am größten unter ihnen ist die Liebe.

1 Kor 13,13

Hoffnung und Glaube werden ein Ende haben,
wenn wir sterben. Die Liebe aber wird bleiben.
Liebe währt ewig. Liebe kommt von Gott
und kehrt zu Gott zurück.
Wenn wir sterben, werden wir alles verlieren,
was das Leben uns gab, außer der Liebe.
Die Liebe, in der wir unser Leben geführt haben,
ist die Liebe Gottes in uns.
Sie ist der göttliche, unzerstörbare Kern unseres Seins.
Diese Liebe wird nicht nur fortdauern,
sondern auch Früchte tragen von Geschlecht zu Geschlecht.
Stehen wir an der Schwelle unseres Todes,
dann lasst uns zu allen, die wir zurücklassen, sagen:
»Seid nicht traurig! Die Liebe Gottes,
die in meinem Herzen wohnt,
wird zu euch kommen
und euch Trost und Stärke sein.«

Henri J. M. Nouwen

Der Liebe höchster Wert

Auch die Achtung ist eine
unwiderrufliche Bedingung der Liebe.
Lassen Sie uns daher unaufhörlich
uns bemühen, nicht nur die Achtung,
die wir gegenseitig füreinander tragen,
zu erhalten, sondern auch zu erhöhen.
Denn dieser Zweck ist es erst, welcher
der Liebe ihren höchsten Wert gibt.

Heinrich von Kleist

Selig der Mensch,
der seinen Nächsten in seiner Unzulänglichkeit
und Schwäche genauso erträgt,
wie er von ihm ertragen werden möchte,
wenn er in ganz ähnlicher Lage wäre.

Franz von Assisi

Die Liebe lebt von
liebenswürdigen Kleinigkeiten.

Theodor Fontane

Einer trage des anderen Last;
so werdet ihr das Gesetz Christi erfüllen.

Galaterbrief 6,2

Die Kraft zu lieben
Die Kraft zu lieben, ist Gottes
größtes Geschenk an den
Menschen, denn niemals wird es
dem Gesegneten, der liebt,
genommen werden.

Khalil Gibran

Das Wunder der Liebe:
Sie hört niemals auf, weil
Gott sie unaufhörlich erneuert.

Carlo Caretto

Was gibt es Erfreulicheres,

als einen Menschen zu kennen,
mit dem man alles besprechen kann?
Wie könnte man im Glück
einen so großen Gewinn sehen,
wenn man nicht jemanden hätte,
der sich über dieses genauso freut
wie man selber?
Unglück aber zu tragen wäre schwer
ohne einen, der daran sogar noch schwerer
trüge als man selber.

Marcus Tullius Cicero

Bei der Morgenröte mit beflügeltem Herzen zu erwachen
und für einen weiteren Tag des Liebens dankzusagen;
Zur Mittagszeit zu ruhen und über der Verzückung
der Liebe nachzusinnen;
Am Abend mit Dankbarkeit heimzukehren;
Und dann einzuschlafen mit einem Gebet
für den Geliebten im Herzen
und einem Lobgesang auf den Lippen.

Khalil Gibran

HERR JESUS,

heute ist der Jahrestag unserer Hochzeit.
Wir danken dir von Herzen für alles,
was du uns damals und seither geschenkt hast.
Wir bitten dich auch weiterhin um deinen Segen.
Schenke uns Frieden, damit wir uns jeden Tag
in Liebe und Treue umarmen.
Mache unsere Ehe zu einem Abbild
deines Bundes mit der Kirche.
Lass deine Liebe und deinen Frieden
immer in unseren Herzen und in unserem Heim sein.
Führe uns als treuer Diener deines Reiches
einmal in dein ewiges Heim.

Aus Tansania

Hochzeitstage in der Übersicht

Hochzeit	grüne Hochzeit
1 Jahr	baumwollene Hochzeit
5 Jahre	hölzerne Hochzeit
7 Jahre	kupferne Hochzeit
10 Jahre	Rosenhochzeit
12,5 Jahre	Petersilien- oder Nickelhochzeit
15 Jahre	gläserne oder kristallene Hochzeit
20 Jahre	Porzellan- oder Chrysanthemenhochzeit
25 Jahre	Silberhochzeit
30 Jahre	Perlenhochzeit
35 Jahre	Leinwand- oder Korallenhochzeit
40 Jahre	Rubin- oder Smaragdhochzeit
50 Jahre	goldene Hochzeit
60 Jahre	diamantene Hochzeit
70 Jahre	Gnadenhochzeit
75 Jahre	Kronjuwelenhochzeit
80 Jahre	Eichenhochzeit

Je mehr Liebe man gibt,
desto mehr besitzt man davon.

Rainer Maria Rilke

Die Erinnerung ist das
einzige Paradies,
aus dem wir nicht vertrieben
werden können.

Jean Paul

Je älter man wird,
umso mehr wächst die
Neigung zu danken,
vor allem nach oben.

Martin Buber

Bibliografische Information der Deutschen Nationalbibliothek
Die Deutsche Nationalbibliothek verzeichnet diese Publikation in der Deutschen Nationalbibliografie; detaillierte bibliografische Daten sind im Internet über http://dnb.d-nb.de abrufbar.

Quellenverzeichnis:

Texte
Seite 10: Reiner Kunze, rudern zwei. Aus: ders., gespräch mit der amsel © S.Fischer Verlag GmbH, Frankfurt am Main 1984
Seite 11: Ulrich Schaffer, Darum liebe ich dich. Aus: ders., Ich will dich lieben © 1990 SCM R.Brockhaus im SCM-Verlag GmbH & Co. KG, Witten
Seite 12/13: Reinhard Mey, Wie vor Jahr und Tag. Aus: ders., Alle Lieder © Edition Reinhard Mey, Berlin
Seite 15: Dietrich Bonhoeffer, Es gibt kaum ein beglückenderes Gefühl ... Aus: ders., Widerstand und Ergebung © 1998, Gütersloher Verlagshaus, Gütersloh, in der Verlagsgruppe Random House GmbH
Seite 16: Erich Fried, Dich. Aus: ders., Es ist, was es ist. © Verlag Klaus Wagenbach, Berlin 1993
Seite 18: Jürgen Werth, Einander annehmen. Aus: ders., Tausend gute Wünsche © Johannis Verlag, Lahr/Schwarzwald
Seite 20 Hans Kruppa, Überlegungen, Aus: ders., Das Leben hat täglich Geburtstag. Gedichte, Märchen und Gedanken. Coppenrath Verlag 2008. Rechte beim Autor, www.hans-kruppa.de
Seite 22: Jörg Zink, Die Liebe hat Zeit. Aus: ders., Was bleibt stiften die Liebenden, S. 9 © Kreuz Verlag, Stuttgart 1979
Seite 23: Anselm Grün, Immer wieder hören wir als Christen ... Aus: ders., Die Kraft der liebe spüren © Kreuz Verlag, Stuttgart 2003
Seite 31: Uwe Seidel, Die Liebe hat einen langen Atem (Aspekte der Liebe). Aus: © tvd-Verlag Düsseldorf
Seite 35: Erich Fried, Es ist, was es ist. Aus: ders., Es ist, was es ist. © Verlag Klaus Wagenbach, Berlin 1993
Seite 37: Henri J. M. Nouwen, Hoffnung und Glaube werden ein Ende haben. Aus: ders., Leben hier und jetzt © Verlag Herder GmbH, Freiburg im Breisgau 2008

Fotos
Titel: © beawolf/fotolia.com (Blüte) © schweitzer-degen/fotolia.com (Blatt) © sl_06/fotolia.com (Tuch) © PR-PhotoDesign/fotolia.com (Perlen) Seite 6/7: © sl_06/fotolia.com Seite 8: © nebucadnezzar/fotolia.com • Seite 9: © LianeM/fotolia.com • Seite 11: © Andrea Haase/shutterstock (Ausschnitt) • Seite 12/13: © Jessica Schindler/fotolia.com • Seite 14: © Halgerd/fotolia.com • Seite 15: © Otmar Smit/fotolia.com • Seite 16: © gandolf/fotolia.com • Seite 17: © Ulrike Akliros/fotolia.com • Seite 18: © Zinatova Olga/shutterstock • Seite 19: © Mohammed Farouk Badawi/shutterstock • Seite 20/21: © Makuba/fotolia.com • Seite 22, 36: Johanna Goodyear/fotolia.com, Marty Kropp/fotolia.com • Seite 24, 38: © NADKI/shutterstock • Seite 28/29: © Kurt Tuschek/fotolia.com Seite 33: © Daniel Schmid/fotolia.com • Seite 39: © Kruchankova/shutterstock • Seite 40: © Tischenko Irina/shutterstock • Seite 41: © kaczor58/shutterstock • Seite 42: © Pakhnyushcha/shutterstock • Seite 43: © Kesu/shutterstock • Seite 44: © Loskulnikov/shutterstock • Seite 45: © Liv Friis-larsen/fotolia.com

Besuchen Sie uns im Internet:
www.st-benno.de

ISBN 978-3-7462-2874-7

Stammerstr. 11, 04159 Leipzig
Zusammengestellt von Volker Bauch, Leipzig
Umschlag und Gestaltung: Ulrike Vetter, Leipzig
Gesamtherstellung: Arnold & Domnick, Leipzig (A)